Triebwerk und ein-
drückliche Steuerung der
Locomotion-Nachbildung.

DAS EISERNE ROSS

Werner Reber Dampflokomotiven
der Baujahre
1825–1965

Benteli Verlag Bern

Dank und Quellennachweis

In verschiedenen Ländern ist es heute noch mit gewissen Risiken verbunden, Eisenbahnen zu photographieren. Man begegnet dieser Liebhaberei mit Misstrauen ... Um so mehr sei allen jenen Dienststellen und Betriebsleuten gedankt, die vielfach nicht nur Verständnis für den Photographen zeigten, sondern oft noch mit wertvollen Anregungen und Daten dessen Anliegen unterstützten. Nicht minder zu Dank verpflichtet bin ich all jenen Photographen, die mir ihre Archive bereitwillig öffneten, damit das Spektrum dieses Buches erweitert und durch viele wertvolle Perlen bereichert werden konnte! Alle Bilder, die ich nicht selber aufgenommen habe, sind am Schluss des Bildtextes mit den nachstehenden Initialen bezeichnet:

GA   Gisbert Apoloni, Liestal
LA   L. Albers, Holland
SB   Samuel Bürki, Bern
EH   Ernst Hofstetter, Bern
Dr. H   Dr. Hans Hänni, Bern
HH   Hugo Hürlimann, Wädenswil
AJ   Alfred Jakob, Bern
LK   Lucien Krieger, Oberwil
BR   British Railways, London
PT   Peter Tillmann, Bern
HW   Hans Ulrich Würsten, Bern
PW   Peter Willen, Bern
CZ   Christian Zellweger, Glattbrugg

Benützte Literatur

A. Moser: «Der Dampfbetrieb der Schweizerischen Eisenbahnen 1847–1947»
P. Ransome-Wallis: «The Last Steam Locomotives of Western Europe»
L. M. Vilain: «Les Locomotives Articulées du Système Mallet dans le Monde»
A. E. Durrant: «The Garratt Locomotive»
Loco Profile 25: «Locomotion»
H. J. Obermayer: Taschenbuch Deutsche Dampflokomotiven
A. E. Durrant, A. A. Jorgensen, C. P. Lewis: «Steam on the Veld»

© 1976 Benteli Verlag, 3018 Bern
Gestaltung, Satz und Druck: Benteli AG, 3018 Bern
Printed in Switzerland

ISBN 3-7165-0121-2

Inhaltsverzeichnis

Ein Zeitalter geht zu Ende. Die erste ortsunabhängige, von Menschenhand geschaffene Maschine hat ausgedient. Obschon ihre Weiterentwicklungsmöglichkeiten noch längst nicht ausgeschöpft waren – man denke zum Beispiel an Chapelon, um nur einen der genialsten Lokomotiv-Ingenieure zu nennen –, wurde sie durch modernere Kinder der Technik verdrängt. Keine andere Maschine hat so fasziniert wie die Dampflokomotive, wohl weil sie lebendig wirkt, weil sie atmet, stampft und keucht, wenn ihr Leistung abverlangt wird. Nicht ohne Grund wurde sie zum «Dampfross», als sie Räder erhielt!

Es dauerte ein halbes Jahrhundert, bis die Versuche Erfolg hatten, die Dampfmaschine von James Watt als Fahrzeugantrieb zu verwenden. Gegen eine Gebühr konnte man sich 1808 in London mit der Lokomotive von Trewithick im Kreis herumfahren lassen.

Als eigentliche Geburtsstunde der Eisenbahn gilt jedoch die Eröffnung der ersten öffentlichen Bahnlinie Stockton–Darlington im Jahre 1825. George Stephenson baute dazu die *Locomotion*. Das Original dieser Lokomotive steht heute im Bahnhof von Darlington, darf jedoch nicht mehr in Betrieb genommen werden, da sie die heutigen strengen Sicherheitsvorschriften nicht erfüllen kann. Zur 150-Jahr-Feier der genannten Linieneröffnung wurde die *Locomotion* äusserlich bis ins Detail und betriebsfähig nachgebildet. In über hundertjähriger Entwicklung wurde dann nicht nur die Leistung gesteigert und der Wirkungsgrad verbessert, sondern es entstanden auch die verschiedensten Spezialkonstruktionen für alle möglichen besondern Anforderungen, insbesondere viele Gelenkbauarten für kurvenreiche Strecken, schwierigen Unterbau oder für besonders grosse Leistungen. Neben den naturgemäss am weitesten verbreiteten einfachen Starrahmen-Loks fanden hauptsächlich zwei Gelenkbauarten grössere Verbreitung:

Die Nachbildung der *Locomotion*. Die Originallokomotive kostete 1825 £ 600, wog betriebsbereit etwa 8 Tonnen und soll 32 Kohlewagen gezogen haben. Die Spitzengeschwindigkeit betrug etwa 25 km/h. Weder Lokomotive noch Tender hatten Bremsen und beide waren ursprünglich ungefedert!

Mallet

Der Genfer Ingenieur Anatole Mallet liess seine Konstruktion 1884 in Frankreich patentieren. Sie ist charakterisiert durch ein mit dem Kessel fest verbundenes und ein vorderes bewegliches Triebgestell.
Obschon *Mallets* in allen Ländern in unzähligen Varianten zu finden waren, wurde diese Bauart in den USA zur höchsten Vollendung, bis zu den stärksten Dampflokomotiven der Erde entwickelt (bis zu 7000 PS am Tenderhaken). Eine *Triplex* der «ERIE» zog einen Zug von 16 300 t mit einer Länge von 2500 m bei einer gemessenen Zugkraft von 59 t!

Garratt

Der Engländer Herbert William Garratt erhielt das Patent für seine Lokomotive 1907, nachdem er auf verschiedenen Bahnen in Australien und
Südamerika gearbeitet hatte. Seine Konstruktion ist charakterisiert durch
dreiteiligen Aufbau. Der Rahmen mit dem ganzen Kesselaufbau stützt
sich gelenkig auf zwei Triebgestelle ab; eines davon trägt die Wasser-
vorräte, das andere den Brennstoff. Die erste Lokomotive dieses Typs
wurde 1909 von Beyer Peacock nach Tasmanien geliefert. Auch die
Garratt war in allen Kontinenten vertreten, fand aber vor allem in Afrika
weiteste Verbreitung. In Europa trat sie, neben je einem einzigen Typ in
Belgien, Holland und Russland, nur in England und Spanien auf. Die
grösste *Garratt* ist die Klasse 59 der EAR (East African Railways) mit 33 t
Zugkraft, mit einem Gesamtgewicht von 252 t, und das bei einer Spurweite von 1000 mm.
Neben diesen beiden Typen werden im vorliegenden Band noch zwei
weitere Gelenkbauarten gezeigt:

Meyer

Jean-Jacques Meyer, ein elsässischer Ingenieur liess seine Konstruktion
1861 patentieren. Der Kessel stützt sich auf zwei durch eine Kuppel-
stange verbundene Triebdrehgestelle ab, deren Zylinder gegen die Loko-
motivmitte angeordnet waren. Die erste Maschine wurde 1868 von
Fives-Lille gebaut.

Shay

Die erste *Shay* wurde 1880 von den Lima Locomotive Works gebaut.
Der Rahmen mit Kessel und seitlicher Dampfmaschine stützt sich auf
zwei Triebdrehgestelle, die mit Kardangelenken und Kegelrädern ange-
trieben werden. Diese Maschinen sind für kleine Geschwindigkeiten bei
grossen Zugkräften eingesetzt, für Personen- und Güterzüge in schwie-
rigem Gelände.

Erstaunlich ist der häufig lange Betriebseinsatz von Dampfloks. Selbst
Schnellzugslokomotiven erreichten oft 60 Jahre, und es gibt nicht we-
nige Veteranen, die sogar 100 Jahre treue Dienste leisteten. Welche

andere Maschine kann solche stolzen Zahlen vorweisen?! Der Bau von Dampflokomotiven fand in Europa in den sechziger Jahren ihren Abschluss, die allerletzte wurde 1972 in Indien gebaut. Damit ist ein endgültiger Schlusspunkt gesetzt.

Zur Unterscheidung der verschiedenen Bauarten und Typen wurden je nach Land ganz unterschiedliche Bezeichnungen verwendet. In vielen Ländern enthielten diese Bezeichnungen die Achsanordnung und gelegentlich auch die Höchstgeschwindigkeit (z. B. Schweiz, Tschechoslowakei). In den angelsächsischen Ländern wurde die Anzahl der Räder gezählt, in den andern die Zahl der Achsen, immer in der Reihenfolge: vordere Laufachsen – Triebachsen – hintere Laufachsen, wobei nach UIC (Union Internationale des Chemins de Fer) die Zahl der Triebachsen mit einem grossen Buchstaben bezeichnet wird, dessen Zahlenwert seiner Stellung im Alphabet entspricht, das heisst A=1, B=2 usw. Viele häufige Achsanordnungen hatten Namen, deren bekanntester wohl die «Pacific» ist. Nachstehend nur einige Beispiele (Lok-Front=links):

Achsfolge	angelsächsisch	französisch spanisch	UIC	Name
ooO	4–2–0	210	2A	Crampton
OOO	0–6–0	030	C	Bourbonnais
ooOOO	4–6–2	231	2C1	Pacific
oOOOOo	2–8–2	141	1D1	Mikado
ooOOOO OOOOoo	4–8–0+0–8–4	240+042	2D+D2	Big Boy

In Frankreich und Spanien wurde der Bezeichnung noch ein Buchstabe angefügt, um die verschiedenen Typen gleicher Achsordnung zu unterscheiden.

Bei den Gelenkbauarten sind die Triebgestelle einzeln bezeichnet und mit einem +-Zeichen miteinander verbunden.

Mit dem vorliegenden Band möchte ich zurückblenden und versuchen, etwas von der Faszination der Dampfeisenbahn zurückzurufen und festzuhalten. Für die Auswahl der Bilder waren hauptsächlich zwei Kriterien massgebend: In erster Linie das photographisch wirksame Motiv, in zweiter Linie die Darstellung irgendeiner Besonderheit.   *W. Reber*

Belgien

Relikt aus dem Ersten Weltkrieg. *Baldwin* baute
diese 1C1-Lokomotiven 1917/18 für die britischen
Militär-Eisenbahnen in Frankreich. Hier am
20. August 1956 in Lüttich.

Belgien

Eine preussische P 8 am 20. August 1956 in der Gegend von Spa. Belgien hatte eine grosse Zahl dieser Lokomotiven aus deutschen Reparationslieferungen nach 1918 erhalten.

Dänemark   C-Lokomotive der Privatbahn Merløse–Høng am
2. August 1970. Diese Maschine wurde 1898 von
Breda gebaut.

Dänemark

Fünf Stück dieses Typs wurden 1903 von *Esslingen* und 14 weitere 1909 von *Schwartzkopff* geliefert. Hier Nr. 708 mit einem Extrazug am 6. August 1970 bei Stubberup.

Dänemark   Diese grösste und schönste dänische Schnellzugslokomotive mit Verbundtriebwerk war zuerst
1914–1916 von *Nydquist & Holm* gebaut worden.
11 dieser Lokomotiven wurden 1936 von Schweden
gekauft, und 1943–1947 baute *Frichs* weitere 25,
etwas modifizierte Maschinen dieses Typs.

Dänemark

Werkslokomotive der Kalkwerke *Fakse* mit der
Achsfolge C1 und einer Spurweite von 76 cm, 1926
von *Krauss* gebaut. 6. August 1970.

Deutschland
(BRD)

Maffei baute 1908 die ersten dieser eleganten
Pacifics für die Bayrischen Staatsbahnen unter der
Bezeichnung S 3/6. Die letzten 18 dieses Typs lieferte *Henschel* 1930 an die Reichsbahn. Hier eine
18⁶ am 14. Januar 1962 bei Röthenbach (PW).

Deutschland
(BRD)

Die 2 C1 001 200–5 auf der «Schiefen Ebene» hinter Neuenmark am 9. Juni 1970. In den Jahren 1925–1937 wurden 231 dieser ersten Schnellzugs-lok der Deutschen Reichsbahn in Betrieb genommen (GA).

Deutschland
(BRD)

01134 beim Wasserfassen in Hof am 6. Januar 1962.

01 041 am 6. Januar
1962 in Hof.

Deutschland   01 200 am 6. Januar 1962 in Hof.
(BRD)

Ein Personenzug mit
einer 2C2 der Baureihe
78 (preussische T18)
verlässt München am
17. November 1965. Die
erste Serie von den total
462 dieser Baureihe kam
1912 aus den *Stettiner
Vulcan-Werken.*

003 131–0 am 12. März 1972 anlässlich einer Extrafahrt im Donautal. Diese 2 C 1 wurde ab 1930 für die zahlreichen Strecken gebaut, die noch nicht für 20 t Achslast zugelassen waren. Die Deutsche Reichsbahn stellte bis 1937 298 dieser Maschinen in Betrieb.

Deutschland
(BRD)

Mittleres Triebrad der 003 131–0 mit einem Durchmesser von 2000 mm.

1E der Baureihe 051
verlässt am 14. Mai 1971
Aulendorf.

Deutschland
(BRD)

Erzzug mit je einer 044 Kohle und 044 Öl bei
Rheine am 9. August 1972. Diese 1E-Güterzugsloko-
motiven wurden in rund 2000 Stück 1925–1949
gebaut und auch ins Ausland geliefert.

Deutschland
(BRD)

Depot Köln am 28. August 1956.

Deutschland
(BRD)

2 C der Baureihe 38 (preussische P 8) auf dem
Viadukt bei Dornstetten. 3800 dieser ausgezeichne-
ten Maschinen für gemischten Dienst wurden zwischen 1908 und 1924 gebaut und konnten auch ins
Ausland geliefert werden (GA).

Deutschland
(BRD)

Güterzug mit einer 023 (1C1) und einer 051 (1E)
am 30. April 1975 unterhalb Reichenberg (CZ).

Deutschland
(BRD)

Personenzug mit 1C1 der Baureihe 023 in Doppel-
traktion am 13. März 1972 in Crailsheim. 1950 lieferte
Henschel die erste dieser Lokomotiven, die ursprünglich als Nachfolger der P 8 gedacht waren,
und 1959 wurde die 23 105 als letzte Dampflokomotive der Deutschen Bundesbahn in Betrieb
genommen.

Lok der Baureihe 55
beim Wasserfassen am
27. Juli 1969 in Gladen-
bach (GA).

Deutschland
(BRD)

Die letzten Tenderlokomotiven der Direktion Stutt-
gart. 64.419 und 78.246 am 7. April 1974 bei Moch-
wangen (GA).

Deutschland
(BRD)

Diese Lokalbahn-Lokomotiven der Achsfolge D
wurden in den Jahren 1911–1922 von *Krauss* gebaut.
Die 98 812 war die letzte «überlebende» ihrer Serie,
hier am 25. Februar 1968 im Hessischen Bergland
bei Gedern (GA).

Deutschland
(BRD)

Lokomotive Nr. 12 der Kleinbahn Aalen–Dillingen
am 3. Januar 1963 in Aalen. Die Spurweite war
1000 mm, das Gewicht 18 t und die Maximalgeschwindigkeit 20 km/h. Gebaut von *Esslingen* 1913.

Deutschland
(BRD)

Depot Crailsheim am 13. März 1972.

Deutschland
(BRD)

Lokomotiv-Friedhof an der Strecke Friedrichshafen–
Ulm am 3. Januar 1963.

Deutschland (DDR)

Depot Zwickau im Mai 1968. Lokomotiven der Baureihen 75⁵, 94²⁰ und 86 (SB).

Deutschland
(DDR)

Personenzug Schönheide-Süd nach Rothenkirchen (Mai 1970). Spurweite 750 mm. Die sächsischen Staatsbahnen beschafften sich von 1892 bis 1921 total 96 dieser Maschinen. Die Bauart *Meyer* wurde wegen der schwierigen, kurvenreichen Streckenverhältnisse gewählt. Die von *Hartmann* gebauten Maschinen bewährten sich gut, ab 1962 wurden verschiedene sogar mit neuen Kesseln und teilweise auch mit neuen Rahmen versehen (SB).

Güterzug mit Doppel-
traktion bei der Ausfahrt
Schönheide-Süd. Loko-
motiven wie S. 37 (SB).

38

Deutschland
(DDR)

Güterzug mit Rollschemeln in der Steigung vor
Schönheide im November 1965. Lok wie S. 37 (SB).

Deutschland
(DDR)

99 241 rangiert in Wernigerode im September
1966. Für die Harzquerbahn wurden in der Lok-
Fabrik *Karl Marx* ab 1954 17 dieser Lokomotiven
für 1000-mm-Spur gebaut (SB).

Deutschland
(DDR)

Personenzug in Frauenstein, abfahrtbereit Richtung
Klingenberg im Juni 1970. *Henschel* lieferte 1918
die ersten 15 dieser E-Loks der Gattung VI K für das
sächsische Schmalspurnetz. Zwei weitere Serien
wurden bis 1926 von *Henschel, Hartmann* und
Karlsruhe gebaut (SB).

Frankreich

Hochbetrieb im Depot Paris-Batignolles am 9. August 1957.

Frankreich

Die 141TD102 im Depot Paris-Batignolles am
9. August 1957. 39 dieser 1D1-Tenderlokomotiven
waren 1932 gebaut worden und besorgten zusammen mit den 141TC den Vorortsverkehr vor allem
ab Paris-St-Lazare. Sie waren für den Pendelzug-
betrieb ausgerüstet.

Frankreich

Eine 241A auf der Drehscheibe in Belfort am 10. Oktober 1959. Diese erste europäische 2 D 1 war 1925 von Alfred de Glehn als Vierzylinder-Verbund-Maschine bei der *Société Alsacienne* für die Chemin de Fer de l'Est gebaut worden. Weitere 40 folgten 1929–1931, später noch 49. Trotz einem Raddurchmesser von 1950 mm war die Geschwindigkeit auf 110 km/h begrenzt.

In keinem andern Land war das Verbund-System so weit entwickelt und so verbreitet wie in Frankreich.

Frankreich

Zwei 141R im Depot Nantes am 17. Oktober 1969. 1340 dieser Zweizylinder-Lokomotiven waren 1945–1947 von *Alco, Baldwin, Lima* und *Montreal* gebaut worden. Davon gingen 17 auf dem Seetransport verloren. Obschon diese robusten Universalmaschinen bis 50 Prozent mehr Brennstoff konsumierten als ihre französischen Schwestern, gehörten sie wegen ihrer geringen Unterhaltsansprüche zu den zuletzt ausrangierten Dampflokomotiven.

Frankreich
2 x 141R in der Steigung von Bellegarde nach Annemasse am 5. Oktober 1968.

Frankreich   141R auf der Strecke Annemasse–Bellegarde am
                      30. April 1971.

Frankreich   141R mit einem Kühlwagenzug bei der Ausfahrt aus
                    Narbonne Richtung Spanien.

Frankreich   141R auf der Drehscheibe in Annemasse am
30. April 1971.

Frankreich

Triebwerk der 141R-831 am 5. Oktober 1971 in Annemasse. Triebraddurchmesser = 1650 mm. Offizielle Norm dieser Lok war 104 km/h mit 540 t oder 48 km/h mit 1350 t. Dritte Achse mit Boxpok-Rad.

Frankreich

Die 141R mit einem 1./2.-Klasse-Wagen der SBB
am 13. April 1968 bei Belfort. Diese fahrplanmässige
Überfuhr brachte den direkten Kurswagen Paris—
Bern von Belfort nach Delle, wo der Wagen von den
SBB übernommen wurde (CZ).

Eine 241 P verlässt Nevers mit dem Pariser Schnellzug am 23. September 1968. Eine der wenigen Nachkriegskonstruktionen. Vom genialen *Chapelon* konstruiert, entwickelte sie 4000 PS und zog mit Leichtigkeit 18–20 Schnellzugswagen. 35 Stück wurden 1948–1952 gebaut. Es waren sehr wirtschaftliche Maschinen, die sehr ruhig liefen und 120 km/h erreichten.

Frankreich

Die 241P mit dem Schnellzug Basel–Paris am
25. Juli 1964 bei Belfort. Eine der schönsten
Dampflokomotiven, die je gebaut wurden! (PW)

Frankreich

Kropfachse der 241P. Der Massenausgleich für das innere Triebwerk geschieht hier durch Gegengewichte an der Kröpfung, so dass die Gegengewichte in den Speichen nur die äussern Triebstangen ausgleichen müssen. Der Raddurchmesser ist 1994 mm.

Frankreich

Meterspurlinie Chalencon–Le Cheylard.
Die Lokomotive ist eine C+C-*Mallet* von der *SLM*
(s. Farbbild S. 146). 22. September 1968.

Frankreich   141R mit Güterzug bei Dannemarie am 25. Juli 1964 (PW).

Finnland

Diese C1-Lokomotive des Typs Vr 2 wurde 1931
von *Tampere* gebaut. Hier am 2. Oktober 1974 in
Pieksämäki. Finnland hat dieselbe Spurweite wie
Russland, nämlich 1524 mm, da es erst 1917 von
diesem unabhängig wurde.

Finnland

Eine Tk 3 manövriert am 2. Oktober 1974 in Jyväskylä. Die Nr. 1135 wurde 1946 von *Tampere* gebaut. Dieser Typ ist 1928–1950 von *Tampere* und *Frichs* geliefert worden.

Griechenland

Diese 1911 von *Krauss* für die Meterspurbahn
Piräus–Athen–Peloponnes gelieferten Lokomotiven
wurden für alle Dienstarten eingesetzt. Hier beim
Manöver am 24. August 1964 in Athen.

Grossbritannien

Ein Expresszug der L.N.W.R. überholt einen Güterzug bei Bushey troughs (1899). Die führende Lok des Express ist eine «Single Driver». Diese Maschinen wurden 1859–1962 in *Crewe* gebaut (BR).

Grossbritannien

Die 2 B Nr. 998 der Midland Railways schöpft Wasser bei Hathern troughs 1911. Das Wasserfassen in voller Geschwindigkeit war eine einzigartige britische Einrichtung. Auf horizontalen Streckenstücken wurden Wasserkanäle zwischen die Schienen gelegt. Die Tender besassen ein Schöpfrohr mit einem Bogen nach vorn; wenn dieses bei voller Geschwindigkeit in die Kanäle abgesenkt wurde, stieg das Wasser ohne Pumpen in den Tender. Erstmals soll das System 1859 angewandt und bis zum Ende des Dampfbetriebs benützt worden sein. So wurden sehr lange Lokomotivläufe ohne Halt erreicht. Vereinzelt soll das System auch in Frankreich und den USA angewendet worden sein (BR).

Grossbritannien

1C+C1-*Garratt* der LMS bei Elstree 1953. Ab 1927 wurden 33 Stück dieser Lokomotiven von *Fowler* und *Beyer-Peacock* geliefert. Sie erreichten eine Zugkraft von 20 t. 1925 war eine einzelne 1D+D1 für die LNER mit 30 t Zugkraft gebaut worden. Daneben waren mehrere B+B-*Garratts* für die Industrie im Betrieb, deren erste 1924 gebaut worden war; die letzte dieses Typs war 1937 gebaut und als letzte *Garratt* in England 1965 ausgemustert worden (BR).

Grossbritannien

London Kings Cross Station am 20. Mai 1960.
Zwei 1C2-Tenderloks sind mit Personenzügen
abfahrbereit. Eine Serie von 100 Stück dieses Typs
wurden ab 1945 in Betrieb gesetzt.

Grossbritannien

Die 2 C1 der Klasse A 3 Nr. 60062 *Minoru* am 20. Mai 1960 in London Kings Cross. Ab 1927 wurden total 78 dieser Lokomotiven gebaut, konstruiert von Gresley. Wie diese, wurden auch andere Klassen mit Namen versehen.

Grossbritannien

Eine 2 C1 der *Coronation*-Klasse, Nr. 46 227 *Duchess of Devonshire* mit Expresszug im Lake District 1956. Diese Lokomotiven, eine Konstruktion von *Stainer*, wurde ab 1938 in einer Serie von 38 Stück gebaut. Ursprünglich mit Stromlinienverklei-

dung versehen, wurde diese 1946 wegen besserer Zugänglichkeit zum Triebwerk wieder entfernt. Die Maschine hatte ausgezeichnete Laufeigenschaften. Die letzten zwei wurden 1947 von *Ivatt* gebaut und mit Rollenlagern versehen (BR).

Grossbritannien

2 C1 der *Britannia*-Klasse, Nr. 70050 *Forth of Clyde* im Lake District 1957. Ab 1951 wurden über 50 Stück gebaut. Einzigartig war in England auch, dass jede Bahngesellschaft – vor der Verstaatlichung 1948 – ihre eigene Lokomotivfabrik besass und die meisten ihrer Lokomotiven selber konstruierte (BR).

Grossbritannien

Die Nr. 60033 *Seagull* der Klasse A4, die berühmteste Konstruktion von *Gresley,* denn ihre Schwester Nr. 60022 *Mallard* stellte 1938 den Geschwindigkeitsweltrekord für Dampflokomotiven auf mit 126 mph = 202,7 km/h. Es wurden total 35 Stück dieser Dreizylinderlokomotive ab 1935 gebaut. Sie führte auch den *Flying Scotsman.* Die Strecke London–Edinburgh (630 km) wurde in 6 Stunden ohne Halt mit einer mittleren Geschwindigkeit von 105 km/h durchfahren! Die ursprüngliche Verkleidung des Triebwerks wurde später wieder entfernt.

Grossbritannien

Die 1E der Klasse 9F Nr. 92124 in der Nähe von Bedford am 8. März 1960. Ab 1953 wurden 251 dieser erfolgreichen und vielseitigen Lokomotive gebaut. Sie fuhr sogar Schnellzüge mit bis 145 km/h! Die Achslast betrug nur 15,5 t, und der mittlere Radsatz hatte keine Spurkränze. Die Nr. 92220 war die letzte ihrer Serie und die letzte Dampflok der British Railways mit dem bezeichnenden Namen *Evening Star* (BR).

Italien

Morgenzug in Cremona am 11. Mai 1971. Vorn
die 1C-Tenderlok 880022, als Schub die 1C625.181.
Baujahre der 880 ab 1916 in 60 Einheiten, die der
625 ab 1910 in über 100 Stück.

Italien

Luino, 18. Juni 1958. Abfahrt eines Personen-
zuges mit der 1C 640.112. Die erste Serie von 24
Maschinen wurde von *Schwartzkopff* 1907/08
abgeliefert und bewährte sich so gut, dass eine
weitere Serie von 24 Stück an *Schwartzkopff* in Auf-
trag gegeben wurde. Die seltene Anordnung von
Innentriebwerk und Aussensteuerung gibt der Lokomotive ein eigenartiges Aussehen.

Italien
Güterzug mit einer 640 bei Omegna am 9. Mai 1971.

Italien

Zwei 1C1 der Reihe 685 mit Personenzug nach Piacenza am 16. September 1958 in Voghera. Diese Maschinen mit nur 15 t Achslast waren ehemals die Standard-Schnellzugsloks. 221 Stück wurden 1912–1922 von *Breda* gebaut, weitere 14 1926/27 von *Officine Meccaniche* und *Saronno.* 1939–1941 wurden fünf mit Franco-Crosti-Vorwärmern ausgerüstet und erhielten Stromlinienverkleidung. Sie wurden zur Serie 683 umnumeriert.

Italien

Zwei 743er am 6. Oktober 1970 in Cremona. 1911–1922 wurden 150 Lokomotiven der Achsfolge 1D mit der Serienbezeichnung 740 bei verschiedenen italienischen Fabriken und bei *Henschel* gebaut. Ab 1937 folgten Versuche mit Franco-Crosti-Speisewasservorwärmern, wobei die Rauchgase in zwei seitlichen (später einem mittleren) Wärmeaustauschern das Speisewasser vorwärmten und in seitlichen Kaminen vor der Kabine austraten. Die 94 derart umgebauten Lokomotiven erhielten die Seriennummern 743.

Italien

Die 743.398 mit einem schweren Güterzug bei der Ausfahrt aus Cremona am 11. Mai 1971.

835 012 im Manöver
am 6. Oktober 1970 in
Cremona. 370 dieser
Standard-Rangierloks
mit der Achsfolge C
wurden 1906—1922
gebaut.

Italien   Nachtbetrieb im Depot Cremona am 10. Mai 1971.

Jugoslawien

1927 kaufte Jugoslawien zehn 1E-Lokomotiven
in Österreich. Sie waren 1921 in Wiener Neustadt
gebaut worden. Zidani most, 31. August 1964
(PW).

Jugoslawien   2 C der JZ 03 ex Südbahn/MAV am 31. August
1964 in Zidani most (PW).

Jugoslawien

Die 1C1 Nr. 01-070 am 2. September 1964 auf der
Strecke Belgrad–Subotica. Baujahr 1922 (PW).

Jugoslawien

1D1-Gebirgsschnellzugslokomotive 06-023 in
Zidani most am 31. August 1964. 30 Stück waren
1930 von *Borsig* gebaut worden (PW).

Jugoslawien

1C1 der JZ-Baureihe 73 am 26. Juni 1972 in Prijedor mit 760 mm Spurweite, Linie Prijedor–Sanica Gomja. Schnellzugslokomotive der ehemaligen Bosnisch-Herzegowinischen Staatsbahnen (BHStB), Baujahr 1907–1913 (GA).

Jugoslawien

Die Station Vagani am 20. Mai 1970, die an der steigungsreichen Strecke (760 mm) von Lička Kaldrma nach Drvar liegt. Vorn die Nr. 1 der 1945 von der UNRRA gelieferten 34 Maschinen mit der Achsfolge D. Sie leistet der ehemaligen Steinbeis-Bahn-Lok Nr. 30 Vorspann (Achsfolge E, Baujahre 1916 und 1924) (CZ).

Jugoslawien

D1-Lok 83-088 am 27. Juni 1972 in Donji-Vakuf.
Diese 760-mm-Lokomotiven waren 1909–1917 für
die BHStB gebaut worden (GA).

Jugoslawien

C 2-Zahnradlok der Baureihe 97 mit 760 mm
Spurweite für die Strecke Travnik–Donji Vakuf, hier
am 27. Juni 1972 in Donji Vakuf (GA).

Luxemburg

1E der CFL in Luxemburg am 20. August 1956.
Die CFL erhielt 10 Stück aus einer Serie von 100
der knapp nach dem Zweiten Weltkrieg in Belgien
gebauten Lokomotiven der deutschen Baureihe 52
(Kriegslok).

Luxemburg

Nr. 4102 im Manöver in Trois Vièrges am
20. August 1956. Sie ist vermutlich auch als Repa-
rationslieferung nach Luxemburg gelangt. Diese
Lokomotiven der deutschen Baureihe 92 (preussische T 13) wurden 1910–1922 in 562 Stück
gebaut.

Niederlande

Die Rotterdamsche Tramweg Maatschapei (RTM), die den Vorortsverkehr von Rotterdam besorgt, beschaffte – wahrscheinlich um 1905 bis 1910 – C-Lokomotiven, da die älteren Tramway-Lokomotiven (ähnlich dem Berner Dampftram, S. 164/165) den zunehmenden Verkehr nicht mehr zu bewältigen vermochten. Bild: RTM in Rotterdam im August 1949; im Hintergrund die Türme der Eisenbahn-Hebebrücke über den Lek (EH).

Niederlande

RTM-Lok am 22. August 1956. Das Triebwerk ist seitlich durch Verschalungen geschützt, wie bei den Tramway-Lokomotiven.

Niederlande

Im Depot Rotterdam der NS am 22. August 1956. Die beiden Satteltank-Lokomotiven gehören zu einer Lieferung von 27 Stück, die 1943/44 von vier englischen Fabriken gebaut worden waren, diese beiden von *Stephenson*. Im ganzen waren in England über 300 dieses Typs hergestellt worden. Im Hintergrund Nr. 8720, 1922 von *Schwartzkopff* geliefert.

Niederlande

Zwei 2 D 2-Tenderlokomotiven der Serie 6300 am 21. August 1956 in Maastricht. Die 22 in den Jahren 1930/31 von *Henschel* und *Schwartzkopff* gebauten Maschinen waren die schwersten (126,4 t) und leistungsfähigsten Tenderlokomotiven Europas.

Mit ihrer Zugkraft von fast 15 t waren sie zur Förderung der Kohlenzüge in Limburg eingesetzt. Sie zogen aber auch Personenzüge mit 90 km/h. Die letzte Dampflokomotive Hollands stammte aus dieser Serie.

Niederlande

Diese hübschen 2 B-Maschinen mit Innentriebwerk
wurden 1899–1907 in 137 Exemplaren gebaut,
127 von *Beyer-Peacock* und 10 von *Werkspoor*. Sie
erreichten 90 km/h und eine Zugkraft von 5 t.
Tilburg, 25. August 1947 (EH).

Niederlande

2C2-Lok 6006 mit Zug Alkmaar–Hoorn am
30. Oktober 1954. 26 dieser Tenderloks wurden
1913–1916 von *Beyer-Peacock* geliefert. Mehrere
kamen während des Zweiten Weltkrieges nach
Frankreich, wo sie bis zur Ausmusterung verblieben
(LA).

Niederlande

2 B-Lok 2119 mit einem Zug Amsterdam–Enkhuizen
am 9. Februar 1952. 35 wurden 1914–1920 von
Werkspoor und *Schwartzkopff* gebaut (LA).

Die 2 C Nr. 4005 verlässt am 20. Mai 1952 Amsterdam CS mit dem Holland–Italien-Express. 15 Stück waren 1945/46 von *Nydquist & Holm* nach einer bereits 1930 für Schweden gelieferten Konstruktion gebaut worden. Sämtliche Achsen hatten SKF-Rollenlager (LA).

Niederlande

Diese Vierzylinder-2 C-Maschinen galten als die besten Express-Dampflokomotiven der NS. Die ersten wurden 1910 von *Beyer-Peacock* gebaut, weitere von *Werkspoor* und drei deutschen Firmen bis 1928, total 120. Sie erreichten 110 km/h, und 1936 wurden sechs Stück stromlinienverkleidet. Hier 3760 mit einem Zug Nymwegen–Dordrecht auf der Waal-Brücke bei Nymwegen am 23. März 1952 (LA).

Niederlande

Die 2 C Nr. 3916 passiert Helmond mit dem *Rheinpfeil* am 11. April 1953. Die 32 Maschinen waren die stärkern Nachfolger der Serie 3700 und waren 1929/30 von *Henschel* gebaut worden (LA).

Österreich

Vier C-Lokomotiven waren als Südbahn-Type 29 zur Eröffnung der Graz–Köflach-Bahn (GKB) im Jahr 1860 geliefert worden und blieben über 100 Jahre im Einsatz! Die Nr. 671 steht hier in Köflach am 4. September 1963. Darunter das am Dampfdom befestigte Fabrikationsschild (PW).

Österreich

Die GKB beschaffte als Personenzugslokomotiven
die 1890–1897 gebauten 2 B (Südbahn-Type 17c).
Sie erreichten 80 km/h und hatten ausgezeichnete
Laufeigenschaften. Aufnahme: 4. September 1963
in Wies-Eibiswald (PW).

Österreich

1905 und 1907 beschaffte die Gürbetalbahn
(Schweiz) zwei 1C1-Tenderlokomotiven von der
SLM. Sie wurden 1921/22 an die Österreichischen
Bundesbahnen verkauft, die sie später an die Privat-
bahn Gleisdorf–Weiz (Photo: Oktober 1954)
weitergab (DrH).

Österreich

Vermutlich während des Zweiten Weltkrieges «verirrten» sich auch vier bayrische Pt 2/3 (Baureihe 70 der DB) nach Österreich. 97 dieser eigenartigen 1B-Nebenbahnlokomotiven wurden 1909–1915 gebaut. Bei der ÖBB erhielten sie die Seriennummer 770. Hier auf der Linie Pöchlarn–Kienberg am 12. September 1964 (PW).

Österreich

Die von *Gölsdorf* konstruierte 1C1 der spätern
ÖBB-Reihe 15 in Hieflau im Juni 1952. Die Maschinen wurden 1909/10 an die kaiserlich-königlichen
österreichischen Staatsbahnen (kkStB) geliefert
(DrH).

Österreich

Die 2 D 33.135 in Bruck an der Mur im Oktober 1954. Diese Lokomotive ist eine Konstruktion von Steffan und Schlöss und wurde in den Jahren 1923–1928 gebaut (DrH).

Österreich   Ein Zug mit der 77.254 erhält am 3. September
1963 auf der Aspang-Bahn (=«kleiner Semmering»)
Vorspann durch eine 1D1 der Reihe 93 (Baujahre
1927–1931) (PW).

Österreich

Die 2 C1-Tenderlokomotive der spätern Reihe 77 wurde in grosser Zahl in den Jahren 1913–1922 gebaut und hatte sich ausgezeichnet bewährt. In beiden Richtungen erreichte sie 90 km/h. Hier mit einem Zug beim Wiener Nordbahnhof am 15. September 1960.

Österreich

Ein Erzzug verlässt Hieflau am 31. Januar 1970.
Zwei Lokomotiven der Baureihe 52, Baujahre 1942–
1945, für die Deutsche Reichsbahn. Die vordere ist
mit einem Giesl-Ejektor ausgerüstet (CZ).

Ebenfalls zwei Loko-
motiven der Reihe 52
bei der Ausfahrt aus
Hieflau (Juli 1968)
(GA).

Österreich

Nach dem letzten Weltkrieg blieben einige neue
deutsche Heeresfeldbahn-Lokomotiven in Österreich. Zwei davon führen hier einen Personenzug auf
der Strecke Kühnsdorf–Eisenkappel am 6. September
1963. Vorn die Vierkuppler-Tenderlok 699.103,
dahinter die 699.01 mit ebenfalls vier Kuppel-
achsen, aber mit Schlepptender. Die Spurweite ist
760 mm (PW).

Zug der Murtalbahn
am 5. September 1963.
Die C1-Lokomotive
wurde 1894 gebaut, zu-
sammen mit drei weitern
gleichen Maschinen.
Spurweite 760 mm
(PW).

Österreich

Links und rechts:
Steyrtalbahn in Garsten,
Juni 1965, Spurweite
760 mm. Die beiden
C1-Lokomotiven stam-
men aus den Jahren
1898 bzw. 1900 (EH).

Österreich

1891 wurde die normalspurige Erzbergbahn Eisenerz–Vordernberg eröffnet. Die Steilstrecken – bis 70‰ – sind mit Zahnstange System Abt versehen. Alle Lokomotiven haben zwei unabhängige und separat bediente Triebwerke, eines für das Adhäsionslaufwerk, das andere für das Zahnrad. Hier die 197.301 und 97.201 in Erzberg am 15. Mai 1971.

Österreich

Leerzug Vordernberg–Präbichl auf 60‰-Steigung am 13. Mai 1971. Vorn die C1-Lok 97.201 mit Baujahr 1890, hinten die 197.301 mit der Achsfolge F, Baujahr 1912. Alle Dampflokomotiven dieser Bahn wurden von *Floridsdorf* gebaut.

Österreich

Ankunft des Personen-Spätzuges in Präbichl am
12. Mai 1971. Präbichl liegt auf dem Scheitelpunkt
der Erzbergbahn auf 1204 m ü. M.

Österreich

Hochbetrieb frühmorgens in Präbichl am 13. Mai 1971. Die Erzbergbahn beschaffte 1890–1908 total 18 Maschinen der Reihe 97 und 1912 drei der Reihe 197. Während des Zweiten Weltkrieges wurden 1941 zwei 1F1 der Reihe 297 gebaut, damals der Welt stärkste Zahnradlokomotiven.

Polen

Diese 1C1-Maschinen der Klasse 01-49 waren
die jüngsten Personenzug-Dampflokomotiven und
waren als Nachfolger der preussischen P 8 von
Chrzanow in 116 Exemplaren gebaut worden. Hier
mit einem Doppelstockwagenzug in Torun im
Juni 1976 (LK).

Polen
Eine preussische P 8, Typ Ok1 im Juni 1976 in Torun
(LK).

Polen

600-mm-Schmalspur-Zug von Naklo nach Mor-
zewiec am 28. Mai 1975. Lokomotive Px 38-805.
Die meisten 600-mm-Lokomotiven waren vermutlich deutsche Feldbahnloks (GA).

Polen

Zug der 600-mm-Linie Witaszyce–Zagorow,
Juni 1976 (LK).

Polen

Depot der 600-mm-Linie Lobzenica–Witoslaw,
Juni 1976 (LK).

Polen

Zwei D-Lokomotiven Px 48 mit 750 mm Spurweite der Linie Nasilsk–Pultusk im Juni 1976. In den Jahren 1950/51 wurden diese in grosser Zahl von *Chrzanow* als Einheitslokomotiven für 750-mm-Spur gebaut. Zusammen mit der Tenderversion Tx 48 sollen 121 gebaut worden sein (LK).

Polen

Eine 750-mm-Einheitslokomotive Px 48 auf der
Linie Sroda–Zaniemysl im Juni 1976 (LK).

Polen   Eine weitere Px48 auf der Linie Nasilsk–Pultusk (LK).

Portugal

Personenzug mit der 1C2-Tenderlokomotive unterhalb Regua am 9. April 1972. Die Wagen dieses Zuges stammen aus der *Schweiz. Waggonfabrik* in Pratteln, so dass der ganze Zug schweizerischen Ursprung hat. Die portugiesische Breitspur misst 1665 mm, 9 mm weniger als die spanische. Dennoch ist ein Übergang der Fahrzeuge über die Grenze möglich (CZ).

Portugal

Die portugiesische CP beschaffte 28 dieser
Maschinen. Die ersten lieferte 1916 die *Schweizerische Lokomotiv- und Maschinenfabrik (SLM)*,
und die restlichen baute 1944 *Gerais* in Lissabon.
Die Maschinen wurden vor allem im Vorortsverkehr
von Lissabon und Porto eingesetzt, sowie für leich-
tere Eilzüge. Bild: in Regua am 20. Mai 1974.

Portugal

Der rüstige Veteran versieht immer noch seinen
Dienst! Das hübsche Maschinchen wurde 1881
von der *Sächsischen Maschinenfabrik* in Chemnitz
gebaut. Aufnahme im Depot Porto-Contumil am
23. Mai 1974.

Portugal

Im Meterspurbahnhof Porto-Trinidade herrscht
um die Stosszeiten Hochbetrieb. Dieser Bahnhof ist
Ausgangspunkt der Linien nach Fave und Vila do
Conde. Zur Bewältigung des Stossverkehrs ist die
Strecke einige Kilometer weit doppelspurig. Auf dem
Bild sind alle drei auf diesem Netz eingesetzten
Dampflokomotivtypen zu sehen: eine 1C, eine 1D1
und eine B+B-*Mallet* (22. Mai 1974).

Portugal

1931 lieferte *Henschel* vier dieser stärksten und letzten Meterspur-Dampflokomotiven für die nord-portugiesischen Bahnen. Hier bei Senhora da Hora (Vorort von Porto) am 22. Mai 1974.

Portugal

Die B+B-*Mallet* E 164 fährt am 23. Mai 1974 in
die Station Avenida de Francia ein. 12 dieser Lokomotiven waren 1905–1908 für die Minho & Douro-
Linie von *Henschel* gebaut worden.

Portugal   Andrang auf einer Vorstadt-Station von Porto
                  (22. Mai 1974).

Portugal   Depot Porto-Boavista am 22. Mai 1974.

Portugal   Depot Lousado nördlich von Porto am 22. Mai 1974.

Portugal

Zwischen 1911 und 1923 baute *Henschel* 18
1B+C-*Mallets* für die nordportugiesischen Meter-
spurbahnen; sie werden noch heute auf mehreren
Schmalspurbahnen sehr erfolgreich eingesetzt. Hier
ein Güterzug mit Personenbeförderung am 28. Juli
1973 zwischen Lagoaça und Duas Igrejas—
Miranda (CZ).

Portugal

Ein «Misto» mit der E 201 auf der Fahrt von Carviçaes
nach Duas Igrejas–Miranda am 28. Juli 1973 (CZ).

Portugal

Ein Personenzug mit der 1B+C-*Mallet* auf der Brücke über den Corgo bei Regua. Auf der Brücke verläuft das Schmalspurgleis zwischen den Schienen der Breitspur (20. Mai 1974).

Portugal

Diese kleine B-Lokomotive besorgt das Schmal-
spurmanöver in Regua. Sie wurde 1922 von *Henschel* gebaut (20. Mai 1974).

Rumänien

Die 1E-Lokomotive 150.220 mit einem Güterzug
am 23. November 1964 bei Buzau. *Reşiţa* baute
1947–1959 282 dieser kräftigen Maschinen.

Rumänien

Ausfahrt des Abend-Personenzuges aus der Station «16. Februarie 1933» am 15. Mai 1970 mit zwei *Pacifics*. Die erste stammt aus den ersten 40 von *Maffei* gebauten Maschinen und leistet der andern Vorspann für den aus 14 Vierachsern bestehenden Zug. Die zweite, Nr. 231.069, gehört zu einer zwei-ten Serie von 50 Stück, die 1922 von *Maffei* und *Henschel* geliefert wurden. Im Gegensatz zur berühmten bayrischen S 3/6 hatten diese Lokomotiven nicht ein Verbund-, sondern ein Vierlingstriebwerk (CZ).

Rumänien

Ausfahrt der 142.008 aus Pitești am 5. März
1970. 79 dieser ausserordentlich eindrücklichen
Schnellzugsmaschinen wurden nach einer österreichischen Lizenz 1937–1940 von *Malaxa* und *Reşiţa*
gebaut. Der Triebraddurchmesser war 1940 mm
und der Achsdruck 18 t.

Rumänien

Die 230.126 verlässt Piteşti am 6. September 1970 mit einem Arbeiterzug. Gleich nach einer Langsamfahrstelle beginnt hier eine Steigung, die mit voll offenem Regulator in Angriff genommen werden musste. Die ersten Maschinen dieses Typs wurden 1921 von *Henschel* geliefert, dann beteiligten sich mehrere deutsche Fabriken am Bau, und ab 1932–1936 wurden über 230 Stück im Lande selber von *Malaxa* und *Reşiţa* hergestellt. Dazu wurden noch zwei Serien 1926 und 1945 von der Deutschen Reichsbahn übernommen. So standen zuletzt vermutlich total 370 dieser Maschinen im Betrieb.

Die 50.712 am
29. November 1964
im Manöver in Braila.
Diese preussische P10
wurde erstmals 1921 in
über 100 Stück von ver-
schiedenen deutschen
Fabriken beschafft. Sie
besass einen mit der
P 8 austauschbaren
Kessel. In den folgenden
Jahren wurden weitere
gekauft und in sehr
grosser Zahl auch bei
Malaxa und *Reşiţa* hergestellt bis 1943, so
dass zuletzt fast 800
dieser P10 im Betrieb
waren.

Rumänien

Eine 230 (P 8) mit Eilzug im Nebel bei Braila am
6. Dezember 1964.

Rumänien

Oben: Die 1914 von *Maffei* gelieferte *Pacific*
Nr. 2224 mit dem Schnellzug Bukarest–Galaţi am
6. Dezember 1964 bei Braila.

Unten: Die 150.250, die 1959 von *Reşiţa* gebaut
worden war, mit einem Güterzug am 6. Dezember
1964 bei Braila.

Rumänien

Die 1C1-Lokomotive Nr. 324.111 im Schnee-
gestöber bei Braila am 25. Februar 1970. Diese
Maschine wurde in mehreren hundert Stück in den
Jahren 1909–1917 aus Ungarn beschafft.

Dänemark

Zug der Privatbahn HTJ bei Vedde am 2. August 1970.
Die Lokomotive wurde 1898 von *Breda* gebaut.

Frankreich

C+C-*Mallet*-Lokomotive 403 der meterspurigen
Chemin de Fer du Vivarais am 22. September 1968
in Chalencon. Sie wurde 1903 von der *SLM* geliefert.

Portugal

Die 2C291 fährt am 19. Mai 1974 in Tua ein.
Diese Maschine wurde 1913 von *Henschel* gebaut.

Portugal

Morgenstimmung im Depot Regua. Die Drehscheibe und die meisten Abstellgleise haben drei
oder vier Schienen, so dass sie von den Breitspur-
und Schmalspurfahrzeugen befahren werden können.

Portugal

Zug der meterspurigen Tua-Linie mit der 1C-
Lokomotive E 111 zwischen Mirandela und Romeu
am 11. Juli 1973 (CZ).

Schweiz

Die A 3/5 705 mit dem Jubiläumszug zur 125-
Jahr-Feier der Schweizer Bahnen in Estavayer am
9. September 1972 (s. auch S. 180 ff).

Schweiz

Die E 3/3 der Alusuisse in Chippis am 3. März 1973.
Sie wurde 1910 von der *SLM* gebaut und gehört in
dieselbe Familie wie die SBB-Baureihe 8400
(s. auch S. 189).

Die Brienz–Rothorn-Bahn
fährt heute noch mit
Dampf! Start zur Berg-
fahrt am 24. September
1967 in Brienz (s. auch
S. 224 ff).

Spanien   Depot Valencia am 7. September 1966.

Spanien

Zwei 141 F der RENFE vor einem schweren Holz-
zug zwischen Soria und Calatayud am 29. Juli 1973 (CZ).

Angola

Abfahrt des Mittagszuges in Lobito am 24. April
1971. Die Kapspur (1067 mm)-Lokomotive ist eine
2 D, die 1920 von *Baldwin* an die Benguela-Bahn
geliefert worden ist und hier die Nr. 215 erhielt (PT).

Kenia

Eine *Garratt* der Klasse 60 verlässt Nairobi am
23. November 1968 mit einem Kühlwagenzug. Die
East African Railways (EAR) erhielten 1954 von
Beyer-Peacock und *Franco-Belge* 29 Maschinen
dieser Klasse mit der Achsfolge 2 D 1 + 1 D 2 (PW).

Die *Garratt* GMAM
4124, 1958 von *Beyer-Peacock* gebaut, verlässt Robertson am
9. April 1976 (s. auch
S. 273ff).

Die riesigen 2D2-
Dampflokomotiven der
Klasse 25NC des
Depots De Aar tragen
alle Mädchennamen.
Hier die *Carol* mit
offener Rauchkammer-
tür am 31. März 1976
in De Aar.

Indien

1D1-Lokomotive der 610-mm-Spur-Bahn
Gwalior–Shivpuri am 24. März 1962.

Indien   Breitspur-Güterzug am Abend bei Kota am 16. März 1962.

Schweiz

Die erste Lokomotive *Limmat* für die erste schweizerische Eisenbahnlinie Zürich–Baden wurde von *Emil Kessler* nach amerikanischem Vorbild gebaut. Die Linie wurde 1847 eröffnet, die Bahn «Spanischbrötli-Bahn» genannt, weil sie auch frische Spanischbrötli von Baden nach Zürich brachte.

1866 wurde die Lok Nr. 1 zur Rangierlok umgebaut und 1882 ausrangiert und abgebrochen. Für das 100-Jahr-Jubiläum der Schweizer Bahnen wurde die Lokomotive nach alten Plänen rekonstruiert. Sie führte verschiedene Jubiläumszüge. Hier in Uetendorf im Juni 1947 (EH).

Schweiz

1858 wurde die Hauenstein-Linie (Basel–Olten) eröffnet. Für das 100-Jahr-Jubiläum wurden je eine *Mallet*- und eine *Engerth*-Lokomotive der Schweizerischen Central-Bahn (SCB) in den SBB-Werkstätten Biel revidiert. Hier die B+B-*Mallet* Nr. 196 anlässlich der Probefahrt am 15. April 1958 bei Reuchenette. *Maffei* lieferte 1891–1893 an die SCB 16 Maschinen dieses Typs.

Schweiz

Der Hauenstein-Jubiläumszug am 27. April 1958
bei Sissach in strömendem Regen! Als Zuglok die
Engerth *Genf* mit der Achsfolge B 3, sie hatte
schon den Eröffnungszug am 27. April 1858 geführt!
Esslingen baute 1854–1859 für die Schweiz
94 Maschinen dieses Typs (davon 60 für die SCB),
weitere 16 wurden in der Schweiz gebaut.

Schweiz

1894 erhielt die Berner Tramway-Gesellschaft
von der *Schweiz. Lokomotiv- und Maschinenfabrik
(SLM)* die Dampflokomotive G 3/3 Nr. 18. Bei
einem Dienstgewicht von 16 t leistete sie 140 PS
bei 20 km/h. Die Maschine wurde 1958 voll-
ständig revidiert und in den Ursprungszustand zu-
rückversetzt, zusammen mit einem zugehörigen
Wagen. Zur Feier «75 Jahre Städtische Verkehrs-
betriebe Bern» 1976 soll sie für Extrafahrten
eingesetzt werden. Daher fanden am verkehrsarmen
frühen Sonntagmorgen, den 13. Juni 1976, Probe-
fahrten statt, hier in der Marktgasse (AJ).

Probefahrt am 13. Juni
1976 auf der Steigung
in der Seftigenstrasse.
Die Berner Tramway-
Gesellschaft setzte 1894
acht dieser Lokomotiven
in Betrieb. Diese Tram-
way-Lokomotiven ent-
wickelten sich zu einer
Spezialität der *SLM,* die
Ende des 18. Jahrhun-
derts über 200 Stück
davon herstellte. 41 da-
von kamen in der
Schweiz zum Einsatz,
die andern bei ausländi-
schen Stadtbahnen (AJ).

Schweiz

Die neue vierspurige Eisenbahnbrücke als Zufahrt
zum Berner Bahnhof wurde mit 20 Dampflokomotiven belastet. Züge von je fünf Maschinen fuhren
und bremsten in verschiedenen Kombinationen,
wobei die dabei auftretenden Brückendeformationen
genau gemessen wurden. Aufnahme:
12. Juni 1941 (HH).

Schweiz

Wie nebenstehendes Bild. Parade von vier C 5/6,
Serie 2900 (HH).

Schweiz

Die A 3/5 626 bei Rapperswil SG am 20. April 1940.
Die *Schweizerische Lokomotiv- und Maschinen-fabrik (SLM)* lieferte 1907–1915 49 dieser Vier-zylinder-Verbundmaschinen an die SBB. Die Lei-stung betrug 1500 PS, die Zugkraft 8 t. 1946 wurden sämtliche 22 noch nicht ausrangierten Maschinen ans kriegszerstörte Holland verkauft, wo sie jedoch nicht gerade beliebt waren, da man im Umgang mit Verbundlokomotiven wenig Erfahrung besass (HH).

B 3/4 1343 in Immensee 1948. Diese 1C-Loko-motiven waren die ersten Heissdampf-Maschinen der Schweiz. Sie wurden in den Jahren 1905–1916 in total 69 Stück von der *SLM* gebaut. Die Zweizylindermaschine war der Mustertyp einer Gemischtzuglokomotive (EH).

Schweiz   B3/4 1329 und A3/5 792 zwischen Wädenswil und
Richterswil, etwa 1947 (HH).

Schweiz

1905 wurde die nur 6 km lange Linie Nyon–Crassier
eröffnet. Der Betrieb wurde 1962 eingestellt.
Hier die Ec 3/5 6608 am 6. Juli 1951 in La Rippe.
15 dieser 1C1-Tenderloks wurden 1922–1928
aus den 29 Ec 3/4 der Serie 6500 (1900–1910 von
der *SLM* geliefert) umgebaut (s. Umschlagbild) (EH).

Schweiz

Zug Vevey–Puidoux mit Ec 3/4 Serie 6500 (1C)
am 22. März 1940 (HH).

Schweiz

Güterzug Zürich–Sargans mit 1E-Lokomotiven
C 5/6 2951 und 2968 am 24. März 1949. Die 2951
war, nach zwei Vorläufern mit Vierlingstriebwerk,
die erste von 30 Verbundmaschinen, die in den
Jahren 1913–1917 von der *SLM* an die SBB geliefert wurden (HH).

Schweiz

C 5/6 2975 verlässt das Depot Bellinzona am
16. September 1955. Diese Maschinen besorgten
den Güterverkehr auf einer der letzten damals
noch nicht elektrifizierten SBB-Strecken von Bellinzona nach dem italienischen Luino. Mit ihren
1350 PS und 14,5 t Zugkraft konnten sie auf Tal-
strecken 1200 t befördern.

Schweiz

C 5/6 2964 am 18. Juni 1958 in Luino, bereit zur Abfahrt nach Bellinzona. Dahinter eine 1D-Lokomotive Nr. 735–375 der italienischen Staatsbahn (FS).

Schweiz   C 5/6 2959 im Depot Basel am 8. Juni 1957.

Schweiz   C 5/6 2963 bei Laufen am 21. Juli 1962.

Schweiz

Am 30. November 1968 fuhr der letzte offizielle
Dampfzug der SBB von Zürich über Koblenz nach
Winterthur, geführt von der C 5/6 2969, hier ober-
halb Turgi. Die Maschine ist heute in Winterthur als
Denkmal aufgestellt.

Schweiz

Morgenstimmung im Güterbahnhof Bern-Weyer-
mannshaus am 5. August 1958. Die A 3/5 783
startet eben mit dem Stückgüterzug nach Fribourg.
Eine dieser 2 C-Lokomotiven führte in jenen Jahren
im Sommer fast täglich den Stückgüterzug Bern—
Fribourg—Payerne—Yverdon und zurück.

Schweiz

Die A 3/5 765 mit dem Stückgüterzug bei Ausser-
holligen am 25. Juli 1956. Die *SLM* baute
1902–1909 total 111 dieser Vierzylinder-Verbund-
maschinen, die zwei ersten noch für die Jura–
Simplon-Bahn kurz vor der Verstaatlichung (1902).
68 davon wurden zwischen 1913 und 1923 mit
Überhitzern ausgerüstet.

Die A 3/5 manövriert
am 3. September 1956
in Bümpliz bei der Rück-
kehr von ihrer Stückgut-
Tour (s. S. 179).

Schweiz

Der «Magen» der A 3/5 798. Die Pflege des Feuers
durch den Heizer war für das Erreichen von Höchst-
leistungen eine ebenso wichtige Kunst wie die
Fahrweise des Lokomotivführers.

Die Schweizerischen
Bundesbahnen feierten
«125 Jahre Schweizer
Bahnen», indem sie ver-
schiedene Extrafahrten
mit der A 3/5 705 durch-
führten, wobei die zeit-
gemässe Schnellzugs-
komposition ihre ur-
sprünglichen Beschrif-
tungen wieder erhielt.
Hier in Estavayer am
9. September 1972.

A 3/5 705 mit dem Jubiläumszug bei der Ausfahrt aus Murten am 9. September 1972. Die 68jährige, immer noch elegant wirkende Dame erreichte – wo es ihr zugestanden wurde – in jugendlicher Frische volle 100 km/h!

Schweiz

Derselbe Zug (wie S. 184) bei Schlattingen am
30. September 1972 (GA).

Eb 3/5 5808 in Magadino am 16. September 1955. Diese 1C1-Tenderlokomotiven wurden von den SBB in den Jahren 1911–1916 in 34 Exemplaren von der *SLM* beschafft. Bis zur Elektrifikation 1960 versahen einige davon auch den Personenzugsdienst Bellinzona–Luino.

Schweiz

Eb 3/5 5812 und 5814 in San Nazzaro (Linie
Bellinzona–Luino) am 13. Juni 1958.

Schweiz

Die schwere Rangierlokomotive E 4/4 8905 am
8. Juni 1957 in Basel. Die 17 Lokomotiven dieser
Serie wurden 1931–1933 aus den 1D-Schlepp-
tender-Maschinen der Serie C 4/5 2600 umgebaut,
die ihrerseits in den Jahren 1907–1912 in Betrieb gesetzt worden waren.

Schweiz

Die kleinen, «Tigerli» genannten Rangierloko-
motiven E 3/3 waren überall anzutreffen und versahen ihren Dienst bis weit in die sechziger Jahre,
vor allem auch dort, wo Industrie-Anschlussgleise
nicht mit dem Fahrdraht überspannt waren. 83 Stück
wurden von den SBB 1902–1915 von der *SLM*
beschafft. Hier in Bern-Weiermannshaus am
21. Oktober 1957.

Schweiz

Die Arbeit einer Dampfschneeschleuder war ein
spektakuläres Schauspiel. Am 11.Januar 1968
musste die 1896 von *Henschel* für die Gotthard-
bahn gebaute Schleuder in Göschenen eingesetzt
werden. Den Schub besorgte eine C 5/6 (PW).

Schweiz

Werklok Nr. 9 der von Roll in Choindez am 6. April
1972. Diese E 2/2-Lokomotive wurde 1911 von der
SLM geliefert.

Schweiz

Zum 100jährigen Bestehen des Reisebüros Cook
führte dieses eine Reise durch, die einer ihrer ersten
organisierten Reisen entsprochen haben soll.
Auf der Strecke der Bern–Lötschberg–Simplon-Bahn
(BLS) wurde dazu deren letzte betriebsfähige
Dampflokomotive, die Ec 4/6 Nr. 62, eingesetzt. Die
SLM baute 1909/10 vier Stück für die Thuner-
seebahn. Bild: Bei Leissigen am 1. Juli 1963 (PW).

Der Cook-Zug in Kandersteg am 1. Juli 1963 (PW).

Schweiz

Die Südostbahn (SOB) wurde 1877 eröffnet und 1939 elektrifiziert. Zug mit Lok Nr. 11 auf dem Seedamm bei Hurden am 2. April 1939. Diese Lokomotive wurde 1891 von der *SLM* gebaut und erst 1954 ausrangiert (HH).

Schweiz

Eine C-Lokomotive des gleichen Typs wie
S. 194 zwischen Biberbrugg und Schindellegi am
16. Januar 1938 (HH).

Schweiz

Die SOB-Lok Nr. 10 (gleicher Typ wie S. 194)
verlässt Biberbrugg mit einem Zug nach Einsiedeln.
Im Hintergrund die 1D-Lokomotiven 21 und 22
(*SLM*, 1910). September 1936 (HH).

Schweiz

Wegen ihrer Steigungen von 50‰ bot die SOB
spektakuläre Szenen, insbesondere wenn die schweren Pilgerzüge nach Einsiedeln geführt wurden.
Das Bild zeigt einen solchen Zug am 21. Mai 1938
oberhalb Schindellegi mit fünf Lokomotiven (HH).

Zug der Sursee–
Triengen-Bahn (ST) bei
der Ausfahrt aus Sursee
am 2. April 1956. Die
Bahn besass zwei dieser
B-Lokomotiven, 1912
von *Henschel* geliefert
(EH).

Schweiz

Im Jahr 1918 beschaffte sich die ST einen zweiachsigen Triebwagen von der *SLM*. Er hatte nur ein Post- und ein Gepäckabteil und beidseitig einen Führerstand. Mit seinem Triebachsdruck von 15 t konnte er auf 13‰ noch 70 t ziehen. 15. Juni 1957.

Der Triebwagen FZm 1/2 der ST hatte einen liegenden quergestellten Kessel mit einer automatischen Speisewasserpumpe. Er konnte während der Fahrt nicht überwacht werden und wurde nur auf den Stationen beschickt.

Schweiz

Das Triebwerk des FZm 1/2 der ST; es entwickelte
eine Zugkraft von 2,3 t und eine Leistung von 210 PS
bei 25 km/h.

Schweiz

Nach dem Abbruch des Triebwagens der ST 1960
kamen verschiedene Dampflokomotiven von andern
Bahnen zum Einsatz, zuletzt die E 3/5 8479 der
SBB, die 1963 die ST-Nummer 5 erhielt. Hier in
der Nähe von Triengen am 20. November 1971.

Schweiz   Gemischter Zug der ST mit der E3/3 Nr. 5 bei Gäuensee
                          am 20. November 1971.

Schweiz

Die meterspurige Bahn Saignelégier–Chaux-de-Fonds (SC) beschaffte 1892–1900 vier B+B-*Mallets* von *Jung* mit nur 6 t Achsdruck. Hier am 18. März 1951 in Saignelégier (HW).

Schweiz

Winterstimmung auf der SC am 27. Januar 1952
in Le Noirmont (HW).

Schweiz

Zug der SC mit der B+B-*Mallet*-Lok Nr. 7 *Jura* bei
Saignelégier am 1. April 1951 (EH).

Schweiz   Wie S. 206, jedoch bei La Cibourg (EH).

Schweiz

Kreuzung auf der SC in Les Bois am 1. April 1951
(EH).

Schweiz

Die Lokomotive Nr. 6 *Franches Montagnes* in Les Bois
am 1. April 1951 (EH).

Schweiz   1880 wurde die Waldenburgbahn (WB) Liestal–
Waldenburg eröffnet, als einzige Linie der Schweiz
mit 750 mm Spurweite. 1912 lieferte die *SLM*
die Nr. 6 *Waldenburg*. Nach der Elektrifikation der
Linie 1953 kam diese ins Verkehrshaus der Schweiz
in Luzern. Waldenburg, 11. November 1951 (EH).

Schweiz

Nochmals die G 3/3 Nr. 6 in Waldenburg am
18. Oktober 1953. Das Dienstgewicht betrug 15,4 t,
die Maximalgeschwindigkeit 25 km/h (EH).

Schweiz   Die G 3/3 *Waldenburg* abfahrtbereit mit Zug in
Waldenburg am 11. November 1953 (EH).

Die letzte von der *SLM*
für eine schweizerische
Bahn gebaute Lokomo-
tive war 1938 die G 4/5
Nr. 7 der WB mit der
Achsanordnung D1. Hier
bei der Abfahrt in Liestal
am 11. November 1951
(EH).

Schweiz

Die G 4/5 Nr. 7 am 11. November 1951 in Nieder-
dorf. Mit ihrem Dienstgewicht von 31,7 t zog sie bei
Bedarf zehn vollbesetzte Wagen über die grösste
Steigung von 30 ‰. Die Höchstgeschwindigkeit
war 45 km/h (EH).

Schweiz

Noch einmal ein Zug mit der G 4/5 am 11. November 1951 bei Hölstein. Es war übrigens die einzige Lokomotive der Schweiz mit dieser Achsanordnung; diese wurde gewählt, weil die Loks der WB talabwärts schneller als talaufwärts fuhren und, da sie nie gewendet wurden, abwärts immer rückwärts liefen (EH).

Schweiz

Die meterspurige Brünigbahn ist die einzige
Schmalspurbahn im Netz der Schweizerischen
Bundesbahnen. Die Bergstrecken mit Steigungen
bis 120 ‰ sind mit Riggenbachscher Zahnstange
ausgerüstet. In den Jahren 1905–1926 wurden
18 Lokomotiven HG 3/3 für gemischte Adhäsions-
und Zahnstangenstrecken bei der *SLM* beschafft.
Hier die HG 3/3 1068, die letzte der Serie, am
29. September 1963 in Giswil (EH).

Einige der Brünigbahn-
Dampflokomotiven über-
lebten die Elektrifikation
von 1942 noch viele
Jahre. Die G 3/4 207,
eine der acht 1905 bis
1913 von der *SLM* be-
schafften Talbahn-
Maschinen, am 29. April
1957 beim Manöver
in Luzern.

Schweiz

Extrafahrt der meterspurigen Rhätischen Bahnen (RhB) am 9. Juni 1968 bei Somvix im Vorderrheintal. Vorn die 1C-Tenderlok Nr. 11 mit Jahrgang 1902, dahinter die 1D-Schlepptenderlok Nr. 107 mit Jahrgang 1906, beide von der *SLM* gebaut.

Die RhB-Lok Nr. 11
am 9. Juni 1968 nach
getaner Arbeit in
Disentis. Die *SLM* baute
in den Jahren 1889 bis
1908 total 16 Stück
dieses Typs für die RhB.

Start eines schweren
Zuges der RhB am
regnerischen 9. Juni
1968 in Illanz mit den
Lokomotiven 11 und 107.

Schweiz

Die RhB-Lokomotive 108 am 1. Mai 1960 in Filisur.
Sie gehörte zu einer Serie von 29 Stück, welche
die *SLM* in den Jahren 1904–1915 lieferte. Nach
der Elektrifikation der RhB (1913–1922) wurden
diese starken Maschinen bis auf die Nrn. 107 und
108 ins Ausland verkauft. So gelangten 2 nach
Brasilien, 7 nach Spanien und 18 nach Thailand (EH).

Schweiz

Die meterspurige Furka–Oberalp-Bahn (FO) ist auf
den Steilstrecken (bis 110‰) mit einer Zahnstange
System Abt ausgerüstet. 1913/14 lieferte die
SLM zehn 1C-Lokomotiven HG 3/4 für gemischten
Zahnstangen- und Adhäsionsbetrieb. Das innen-
liegende, direkt auf das Zahnrad wirkende Triebwerk
erhielt auf den Zahnstangenstrecken den Abdampf
des Adhäsionstriebwerkes, das heisst, es arbeitete
in Verbundwirkung. Hier die Lokomotive Nr. 4
oberhalb Andermatt am 8. Juni 1969.

Die FO 4 am Oberalp-
pass am 8. Juni 1968.
Nach der Elektrifikation
der FO 1940–1942
kamen vier dieser Ma-
schinen nach Indochina.

Schweiz

Die Brienz–Rothorn-Bahn (BRB) ist die einzige
heute noch regelmässig mit Dampf betriebene Bahn
der Schweiz. Sie hat eine Spurweite von 800 mm
und Doppellamellen-Zahnstange nach System Abt.
Bild: Auf Planalp (1341 m) herrscht Hochbetrieb,
hier kreuzen sich talwärtsfahrende mit bergwärts-
fahrenden Zügen, die hier auch Wasser fassen
(11. Juli 1976). *Kleines Bild:* Triebwerk der Lokomotive Nr. 6.

BRB-Lokomotive Nr. 7
unterhalb Oberstaffel
am 11. Juli 1976. Die
Lokomotiven Nrn. 6 und
7 wurden 1933 bzw.
1936 von der *SLM*
geliefert. Die schnell-
laufende Dampfmaschine
treibt die Triebzahnräder
über ein Getriebe
1 : 2,25 an. Sie sind aber
aufwendiger im Unter-
halt als die älteren
Maschinen.

BRB-Lokomotive Nr. 3 am 11. Juli 1976 bei Oberstaffel. Sie wurde 1891 von der *SLM* gebaut. Auf den Steigungen bis 250‰ erreicht sie 9 km/h mit einer Leistung von 230 PS. Die Dampfmaschine arbeitet über einen Browschen Balancier auf die beiden Triebzahnräder, wobei die Laufräder lose auf den Antriebsachsen sitzen.

BRB-Lokomotiven 5, 1
und 6 auf der Talfahrt
bei Oberstaffel am
11. Juli 1976. Nr. 5
wurde 1912 von der
Wengernalpbahn über-
nommen, Nr. 1 1962
von der Monte-
Generoso-Bahn. Alle
drei Züge führen hier
das neue Leichtbau-
Wagenmaterial.

Schweiz

Ausländische Gäste in der Schweiz: Nach vergleichenden internationalen Brückenmessungen in Riddes passiert die belgische 2 C 1 Nr. 1.024 Bern auf der Heimfahrt am 4. Mai 1956. Sie gehörte zu den letzten 35 schweren Schnellzugsdampflokomotiven dieses Typs, die Belgien 1935 beschaffte.

Schweiz

Am 9. Mai 1956 passierte die deutsche 2 C 1
Nr. 01.1095 Bern auf der Heimfahrt von den
Brückenmessungen in Riddes (s. auch S. 17).

Spanien

Bis in die sechziger Jahre war Spanien vielleicht das interessanteste Land für den Dampflok-Liebhaber. Es gab kaum ein anderes Netz mit grösserer Vielfalt von Typen und Altersklassen, wohl auch bedingt durch die wegen des Bürgerkrieges lange fehlenden Mittel zur Erneuerung. Die Staatsbahn (RENFE, seit 1941) betrieb nur das Breitspurnetz von 1674 mm Spurweite, die vielen Schmalspurbahnen blieben in privatem Besitz.

Diese C-Lokomotive 030-2016 war 1857 von der *Railway Foundry Leeds* gebaut worden und erhielt 1959 noch eine Revision! Hier in Valencia am 21. März 1960 (PW).

Spanien

Auch eine Hundertjährige! 1863–1866 lieferte
Creusot 37 dieser Lokomotiven nach Spanien. Hier
ist eine davon in Tortosa am 5. September 1966
noch rüstig am Manövrieren!

Spanien

Elche, 22. März 1960. Rechts die 030-2281 mit
der Achsfolge C, 1863 von *Schneider-Creusot* geliefert. Links eine 1C, die 1910 und 1921/22 in
sechs Exemplaren gebaut worden ist (PW).

Spanien   Ein Veteran mit der Achsfolge C vor dem Depot
                          Valencia am 21. März 1960. Vermutlich 1861 in
                          England gebaut (PW).

Spanien

Eine 1D1-Tenderlokomotive auf der Linie Murcia–
Cadix am 23. März 1960. 15 Stück dieses Typs
wurden 1925 und 1931/32 von *Maquinista* und
Babcock & Wilcox gebaut (PW).

Spanien

Ein Schnellzug nach Madrid verlässt Miranda am
6. September 1967 mit einer 2 D 1 der Klasse
241 F. 57 dieser mächtigen Maschinen sind
1944–1952 von *Maquinista* gebaut worden.

Spanien   Das Depot Valencia am 7. September 1966.

Spanien

1906 lieferte die *Schweizerische Lokomotiv- und Maschinenfabrik (SLM)* vier C+C-*Mallet*-Lokomotiven an die Central Aragon. 1912 und 1927 wurden je drei weitere Lokomotiven dieses Typs von *Henschel* geliefert, diese erhielten jedoch Kolben- anstelle der Flachschieber, sowie Überhitzer. Hier die 060-4005 von *Henschel* (1927) in Valencia am 8. September 1966.

Spanien

1931 lieferte *Euskalduna* sechs 2 C 1 + 1 C 2-*Garratts*
nach einer Lizenz von *Beyer-Peacock*. Die ein-
drucksvollen Lokomotiven waren die einzigen Ex-
press-Garratts Europas und hatten mit 1752 mm
die grössten Triebräder aller je gebauten Garratts.
Mit einem Zug von 300 t erreichten sie 100 km/h
in der Ebene. Depot Valencia, 7. September 1966.

Spanien

Der Schnellzug nach Barcelona verlässt Valencia am 7. September 1966. In ihren letzten Betriebsjahren besorgten diese Maschinen ausschliesslich den Schnellzugsdienst zwischen Valencia und Tarragona.

Spanien

Die 1D1+1D1-Güterzugsgarrat Nr. 282 F-0427
am 5. September 1966 in Reus. Sie gehörte zu
einer Serie von 10 Lokomotiven, die *Galindo-Bilbão*
1961 nach einer Lizenz von *Beyer-Peacock* baute.
Es waren die letzten Dampflokomotiven für die
RENFE, und sie entsprachen den fünf Maschinen,
die dieselbe Firma 1931 gebaut hatte.

Spanien

Die C1-Lokomotive von *Krauss* (1890) der 750-mm-Bahn San Feliu–Gerona am 4. September 1966 in Gerona.

Spanien

Die Bahn Guardiola–Castellar diente hauptsächlich dortigen Zementwerken. Sie hatte eine Spurweite von 2 ft (=610 mm). Die B-Lokomotive ist eine Feldbahnlok, die 1923 von *Orenstein & Koppel* gebaut wurde. 27. Juli 1961 (PW).

Spanien

Die Trambahn Onda–Castellón mit 750 mm Spurweite besass sechs C-Lokomotiven, die 1888 von *Krauss* gebaut worden waren. Hier am 18. Juli 1961 in Castellón (PW).

Tschechoslowakei Bruntal im Juni 1974. Bei den tschechoslowakischen Bahnen entspricht die erste Zahl der Serien-Nummer der Triebachszahl, die zweite der Höchstgeschwindigkeit, indem zu dieser 3 dazugezählt und das ganze mit 10 multipliziert wird; die dritte Zahl gibt die Achslast in Tonnen an, indem 10 dazugezählt werden.

Von der 556 wurden 1952–1957 über 500 gebaut und mit bestem Erfolg eingesetzt. Die danebenstehende 423.041 gehört zu einer Serie von Nebenbahnlokomotiven, die in 149 Exemplaren von 1922 bis 1937 beschafft worden waren (LK).

Tschechoslowakei

Die 1E 534.0377 im Depot Březno am 29. Juni 1973. Diese Güterzugslokomotive wurde in etwa 200 Stück 1945–1947 geliefert.

Tschechoslowakei   Die 2D1 498.040 mit Personenzug am 13. April
1969 in Tabor. Die Klasse 498.0 wurde 1946
bis 1948 in 42 Exemplaren von *Skoda* gebaut (GA).

Tschechoslowakei

Zwei 2D1 498.1 am 14. März 1963 in Brno (Brünn). Die 498.1, Nachfolger der 498.0, wurden 1954/55 gebaut und waren die letzten Schnellzugsdampflokomotiven für die CSD (PW).

Tschechoslowakei Die 1E 556.0189 im Juni 1974 in Bruntal (LK).

Tschechoslowakei

Die 2 C1-Tenderlokomotive 354.151 verlässt
Tabor nach Jihlava am 13. April 1969. 1939/40
baute *Skoda* 9 Maschinen dieses Typs (GA).

Tschechoslowakei

Das Brünner Dampftram «Caroline» war 1889 von
Krauss gebaut worden. Die Maschine war kurz nach
dem letzten Weltkrieg letztmals im regulären Betrieb
eingesetzt gewesen. Nach einem langen Dornrös-
chenschlaf wurde sie nun revidiert und soll
wieder für besondere Anlässe eingesetzt werden.
Hier in den Strassen von Brünn (Brno) am
29. Juni 1973.

Die verschiedenen
Waldbahnen hatten alle
die Spurweite 760 mm,
und alle Schmalspur-
lokomotiven waren mit
U bezeichnet. Die
U 45.903 mit der Achs-
folge D wurde 1916
in Ungarn gebaut. Sie
löscht hier ihren Durst
am 26. Juni 1973 bei
Liesková.

Tschechoslowakei

Auch die U 34.901 (Achsfolge C) hat Durst und löscht ihn bei Dobroč direkt aus dem Dorfbach! (27. Juli 1973). Sie wurde 1909 ebenfalls in Ungarn gebaut.

Tschechoslowakei   Ländliches Dorf-Idyll (27. Juni 1973). Waldbahn
bei Dobroč.

Tschechoslowakei

Manöver mit voller Kraft in Hronec am 27. Juni 1973. Diese Lokomotive wurde 1948 im Lande selber gebaut.

Ungarn

Diese ausgezeichnete Lokomotive der Serie 326 mit der Achsfolge C wurde in den Jahren 1882 bis 1898 in fast 500 Exemplaren für Ungarn gebaut, weitere wurden in verschiedene andere Länder geliefert. Die 326.264 mit einem Zug in Ost-Ungarn am 6. September 1964 (PW).

1C1-Tenderlokomotive
376.635 im Bahnhof von
Miscolc am 29. September 1971. Diese besonders leichten Lokomotiven mit nur 9 t
Achsdruck wurden in den
Jahren 1914–1923 in
über 200 Stück für
Nebenlinien in Betrieb
gesetzt (GA).

1B1-Tenderlokomotive
275.059 mit Neben-
bahn-Personenzug in
Siofok am Plattensee
(September 1969). Die
Maschine mit auch nur
9 t Achsdruck war in
den Jahren 1928–1940
in 140 Stück geliefert
worden. Der Triebachs-
druck konnte auf 10 t
umgestellt werden (SB).

Ungarn

Romantische 760-mm-Bahn bei Nagycenk
(26. September 1971) (GA).

Kenia

Im Vorbahnhof von Nairobi. Rechts eine 2 D 1 + 1 D 2-
Garratt der Klasse 60 mit einem Kühlwagenzug
am 23. November 1968 (s. auch S. 156) (PW).

Kenia

2 D 1 + 1 D 2-*Garratt* 5910 der East African Railways in Nairobi am 21. Juni 1966. Die Klasse 59
war, nachdem die Giganten der USA schon ausser
Betrieb gesetzt waren, die grösste Dampflokomotive
der Erde. 1959 lieferte *Beyer-Peacock* 34 dieser
Kolosse. Das Betriebsgewicht betrug rund 250 t mit
einem Achsdruck von 21 t, und das alles bei einer
Spurweite von nur 1000 mm! Ein Zug von 1200 t
auf 15‰ Steigung macht ihr keine Schwierigkeiten.

Südafrika

Morgenstimmung im Depot Rosemead am 1. April
1976. Das gesamte Netz der South African Railways
(SAR) weist nur zwei Spurweiten auf: Kapspur =
1067 mm und 2 ft = 610 mm.

Südafrika

Die SAR haben in den meisten grossen Depots Bekohlungsanlagen dieser Art. Auf der Rampe die 1D2-Lokomotive 3636 der Klasse 24 im Depot Beaconsfield bei Kimberley am 30. März 1976. Die Klasse 24 war die letzte Nebenlinien-Dampflok der SAR und die einzige mit dieser Achsfolge. 1949/50 lieferte *North British* 100 Stück dieses Typs.

Südafrika

1 D 2-Lokomotive der Klasse 24 auf der Kaaiman-
River-Brücke der Linie George–Knysna am 7. April 1976.

Südafrika

Führerstand der 1 D 2-Lokomotive 3627. Alles ist blitzblank, denn vereinzelt kennt man – wie in diesem Fall – noch das Titularsystem. Die Equipe verziert dann oft die Rauchkammertür ihrer Lokomotive mit Messingtieren und oft mit einem Messingpropeller, der sich bei der Fahrt dreht!

Südafrika

2 D 1-Lokomotive Klasse 19 D am Lootsberg-Pass
am 1. April 1976. Diese 19 D war die zahlreichste
Serie von Nebenbahnloks. 235 Maschinen wurden
in den Jahren 1937–1948 von mehreren deutschen
und englischen Fabriken geliefert.

Südafrika

2 D1-Lokomotive Klasse 19 D startet mit einem schweren Güterzug in Klipplaat (2. April 1976).

Südafrika

Eine 2 D 2 Klasse 25 mit Kondenstender. Der Kondenstender war eine Entwicklung von *Henschel* und erlaubte eine Wasser-Ersparnis bis zu 85%, indem der Abdampf darin grösstenteils kondensiert wurde. Da der Abdampf hier nicht zur Feueranfachung verfügbar war, musste ein Ventilator in die Rauchkammer eingebaut werden. Diese Maschine war für die langen Wüstenstrecken (Great Karoo) beschafft worden, wo das Wasser rar ist. Die erste Lokomotive der Serie ist 1953 von *Henschel* gebaut worden, weitere 89 von *North British* 1953/54.

Südafrika

Lokomotiven der Klasse 25 NC (= non condensing) am 30./31. März 1976 auf der Strecke Kimberley–De Aar. Es waren genau die gleichen Lokomotiven wie die Klasse 25, nur ohne Kondensationsausrüstung. Von diesen wurden, ebenfalls 1953/54, 50 Maschinen von *North British* und *Henschel* geliefert.

Südafrika

Depot De Aar am 31. März 1976. Die diesem
Depot zugeteilten 25 NC tragen alle Mädchennamen. Wenn man diese mächtigen Maschinen
vor sich hat, vergisst man, dass man es mit schmal-
spurigen Fahrzeugen zu tun hat!

2 D1-Lokomotive der
Klasse 15 AR verlässt
Sydenham am 4. April
1976 nach Port Eliza-
beth. Die ersten dieser
Maschinen wurden
1914 von *North British*
gebaut, bis 1928 über
100, teilweise auch von
Beyer-Peacock und
Maffei.

Südafrika

Oben: Güterzug George–Knysna am 7. April 1976 bei Blenshoender.

Unten: Personenzug nach Mosselbaai bei Oudshoorn am 6. April 1976, geführt von der 2 D 1 + 1 D 2-*Garratt* Nr. 4099, Klasse GMAM, gebaut 1956 von *North British*.

Südafrika

Die *Garrat* GMAM 4130 (*Beyer-Peacock* 1958),
vor einem Güterzug bereit zur Abfahrt in Oudshoorn,
6. April 1976. Mit 120 Maschinen ist dies die
grösste Serie von Garrats, die es je gegeben hat.
Drei gingen durch Unglücksfälle verloren, sonst
sind alle noch im Einsatz, während alle übrigen
Klassen von Kapspur-Garrats aus dem Betrieb
gezogen werden.

Südafrika

Der Nachtschnellzug Port Elizabeth–Kapstadt ist mit einer *Garrat* GMAM bespannt. Für längere Strecken wird immer ein Kesselwagen hinter der Lokomotive eingesetzt, um den Wasservorrat zu vergrössern. Im übrigen fahren diese Garrats meistens mit dem Führerstand voraus, damit der Rauch die Sicht nicht stört und damit die Equipe frischen Fahrtwind erhält. Dafür muss der vorauslaufende Kohlevorrat vor jeder Fahrt gründlich mit Wasser abgespritzt werden, um den Staub zu binden (s. S. 273).

Die GMAM 4124 fasst
in Robertson Wasser
(9. April 1976). Sie
wurde 1958 von *Beyer-
Peacock* gebaut. Neben
den bereits genannten
zwei englischen Fabriken
beteiligte sich auch
Henschel an der Liefe-
rung dieses Typs.

Eine GMAM wird im
Depot Voorbaai einem
Dampfbad unterzogen
(8. April 1976).

Imposanter Start einer
GMAM im Morgen-
grauen in Klipplaat am
2. April 1976.

Südafrika

Schmalspurbahn (2 ft = 610 mm) Port Elizabeth–
Avontuur. 1D1-Lokomotive NG 15 147 am 5. April
1976 in Joubertina. Sie wurde 1957 von *Henschel*
geliefert. Es ist die einzige nichtgelenkige 610-mm-
Dampflokomotive Südafrikas.

Südafrika

Zwei NG 15 beim Humewood Road-Depot in Port Elizabeth (3. April 1976). Die NG 15 wurden erstmals in drei Exemplaren 1931 von *Henschel* geliefert, weitere drei 1938. Total wurden 21 dieser Maschinen zwischen 1931 und 1957 gebaut, wobei sich auch *Franco-Belge* an der Lieferung beteiligte.

Südafrika

Von den drei Klassen Schmalspur-Garrats (Spurweite 2 ft = 610 mm) sind heute nur noch die NGG 16 im Betrieb (NGG = Narrow Gauge Garratt). Die ersten zehn wurden 1937 von *Cockerill* und *Beyer-Peacock* geliefert, weitere 14 lieferte *Beyer-Peacock* 1951–1958, und die letzten acht baute *Hunslet Taylor* in Südafrika 1967/68. Diese sind die letzten Garrats, die überhaupt gebaut worden sind. Bild: NGG 16-149, Baujahr 1967, am 13. April 1976 in Esperanza. Achsfolge 1C1+1C1.

Südafrika

NGG 16 139 (*Beyer-Peacock*, 1958) auf der Strecke
Ixopo–Donnybrook am 12. April 1976. Die NGG 16
haben ein Betriebsgewicht von rund 60 t und
bringen eine Zugkraft von 10 t auf.

USA

Die Bahn auf den Mount Washington war der Welt
erste Zahnradbahn und wurde 1869 in Betrieb
genommen, zwei Jahre vor der ersten europäischen
auf den Rigi. Sie führt auf 1950 m mit einer
maximalen Steigung von 377‰, mit einer Spurweite von 1411 mm. Die Lokomotive Nr. 10
wurde nach alten Plänen 1972 neu gebaut! (PW).

Die Lokomotive Nr. 4, gebaut 1875 von den *Manchester Locomotive Works*, ersetzte die frühere Nr. 4. Sie wog 12 t und hatte je ein separates Triebwerk für jedes der beiden Zahnräder (PW).

USA

Die Durango—Silverton-Bahn (Colorado) weist
eine Spurweite von 3 ft (915 mm) auf. Die 1D1-
Lokomotive *Rio Grande 478* wurde 1923 von
Alco gebaut. 8. Juli 1974 (PW).

Bolivien

Eine 1906 von *Alco Rogers* gebaute 1C-Lokomotive
für Meterspur manövriert am Hafen von Guaqui am
Titicaca-See (3812 m ü. M.), 20. Januar 1972 (PW).

Bolivien

Dieselbe *Shay* wie S. 285 mit einem Zug in La Paz
am 21. Januar 1972 (Bauart Shay = siehe Vorwort) (PW).

Bolivien

Eine meterspurige B+B-Lokomotive der Bauart
Shay in La Paz (Bolivien) am 21.Januar 1972. Sie
wurde 1917 von *Lima* gebaut. (PW).

Libanon

Die gemischte Adhäsions-Zahnradbahn Beirut–
Damaskus hat eine Spurweite von 1050 mm. Die
Zahnstangenabschnitte weisen eine Steigung
bis zu 70‰ auf und haben zweilamellige Zahnstan-
gen System Abt. Die Bahnlinie wurde 1894 eröffnet. Bild: Güterzug oberhalb Beirut am 24. März
1970 (Lokomotive s. S. 289).

Libanon

Sämtliche 26 Lokomotiven der Beirut–Damaskus-Bahn sind von der *Schweizerischen Lokomotiv- und Maschinenfabrik (SLM)* geliefert worden. Diese Maschine mit der Achsfolge E und zwei Triebzahnrädern wurde 1926 gebaut und gehörte zur letzten Lieferung von 7 Stück.

Indien

1D1-Güterzugslokomotive Typ WG Nr. 8656 am
24. Februar 1962 bei Kota (Linie Delhi–Bombay)
der Western Railway. Das indische Breitspurnetz
hat eine Spurweite von 1676 mm und umfasst rund
30 000 km.

Indien

2 C1 der Western Railways, Typ WP Nr. 7612, mit dem Schnellzug Delhi–Bombay am 24. Februar 1962 bei Kota. Die erste dieses Typs wurde 1947 von *Baldwin* geliefert, total wurden etwa 700 Stück von den indischen Bahnen beschafft.

Indien

Das indische Meterspurnetz ist fast so gross wie
das Breitspurnetz, es umfasst 26 000 km. Besonders
im Nordwesten erstreckt sich ein riesiges zu-
sammenhängendes System. 1947 wurden neue
Pacifics des Typs YP für das Meterspurnetz einge-
führt, konstruiert von *Baldwin*, später auch von
North British, *Krauss-Maffei* und *Tata Locomotive
& Engineering* in grosser Zahl gebaut. Hier die
YP 2235 in der Nähe von Jaipur am 25. März 1962.

Indien

Eine meterspurige 1D1, vermutlich Typ YG, am 26. März 1962 bei Jaipur. Diese Maschine wurde ebenfalls in grosser Zahl als Einheits-Güterzug-lokomotive beschafft.

Irak

Meterspurige 1D1-Lokomotive der Iraqui Railways
mit Personenzug am 15. Juli 1966 bei Iskanderia.
Die Linie Basrah–Bagdad war meterspurig, während
das Bahnnetz nördlich Bagdad normalspurig war.
Rechts hinter der Lokomotive ist, leicht erhöht,
das von den Russen gebaute, neue normalspurige
Geleise sichtbar, so dass heute auch Bagdad–
Basrah normalspurig ist.

Irak

Ebenfalls meterspurige 1D1-Lokomotive am
19. Juli 1966 in der Nähe von Hilla an der Linie
Bagdad–Basrah.

Kambodscha

Holzgefeuerte 1C1-Lokomotive irgendwo in
Kambodscha am 26. März 1965 (PW).